Ex - libris

Este libro pertenece a

PUBLIC LIBRARY
DISTRICT OF COLUMBIA

Arciniegas, Triunfo, 1957-
　　La media perdida / Triunfo Arciniegas ; María Fernanda Mantilla Navarrete. -- Bogotá: Panamericana Editorial, 2002.

　　24 p. : il. ; 23 cm. -- (Colección OA infantil)

　　ISBN-13: 978-958-30-0867-2
　　ISBN-10: 958-30-0867-2

　　1. Cuentos infantiles colombianos I. Mantilla Navarrete, María Fernanda, il. II. Tít. III. Serie
I863.6 cd 19 ed.
AHH7673

　　　　CEP-Banco de la República-Biblioteca Luis Ángel Arango

La media perdida

Triunfo Arciniegas

La media perdida

Ilustraciones
María Fernanda Mantilla

Editor
Panamericana Editorial Ltda.

Dirección editorial
Conrado Zuluaga

Ilustraciones
María Fernanda Mantilla Navarrete

Diagramación y diseño de carátula
Diego Martínez Celis

Primera edición en Carlos Valencia Editores, 1989
Primera edición en Panamericana Editorial Ltda., marzo de 2002
Segunda reimpresión, septiembre de 2006

© Triunfo Arciniegas
© Panamericana Editorial Ltda.
Calle 12 No. 34-20, Tels.: 3603077 - 2770100, Fax: (57 1) 2373805
Correo electrónico: panaedit@panamericanaeditorial.com
www.panamericanaeditorial.com
Bogotá D. C., Colombia

ISBN-13: 978-958-30-0867-2
ISBN-10: 958-30-0867-2

Todos los derechos reservados.
Prohibida su reproducción total o parcial
por cualquier medio sin permiso del Editor.

Impreso por Panamericana Formas e Impresos S. A.
Calle 65 No. 95-28, Tels.: 4302110 - 4300355, Fax: (57 1) 2763008
Bogotá D. C., Colombia
Quien sólo actúa como impresor.

Impreso en Colombia   Printed in Colombia

A Vanessa Pérez,
2.600 metros
más cerca
de las estrellas.

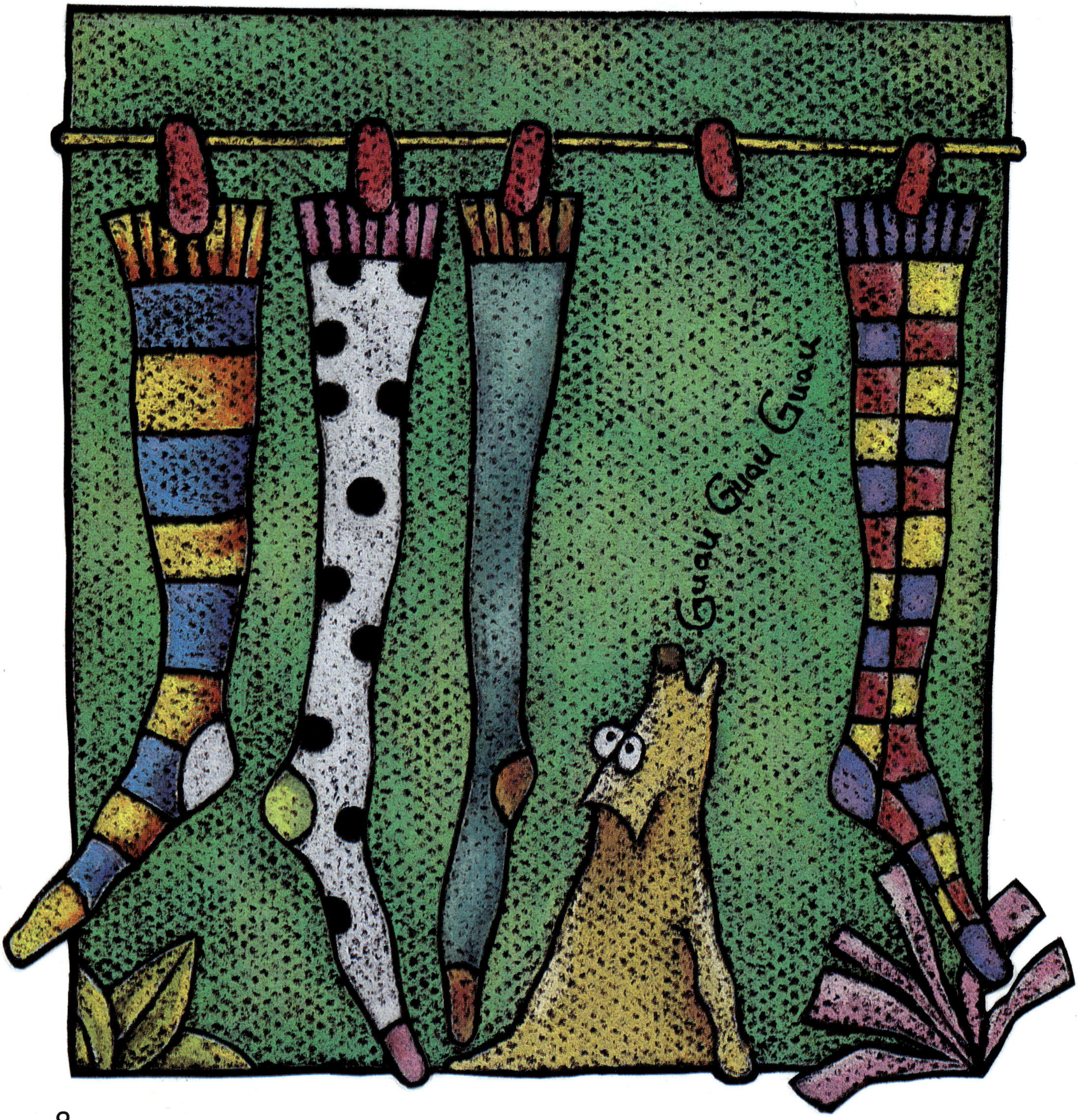
Guau Guau Guau

Había una vez
una media que estaba perdida
y lloraba mucho.

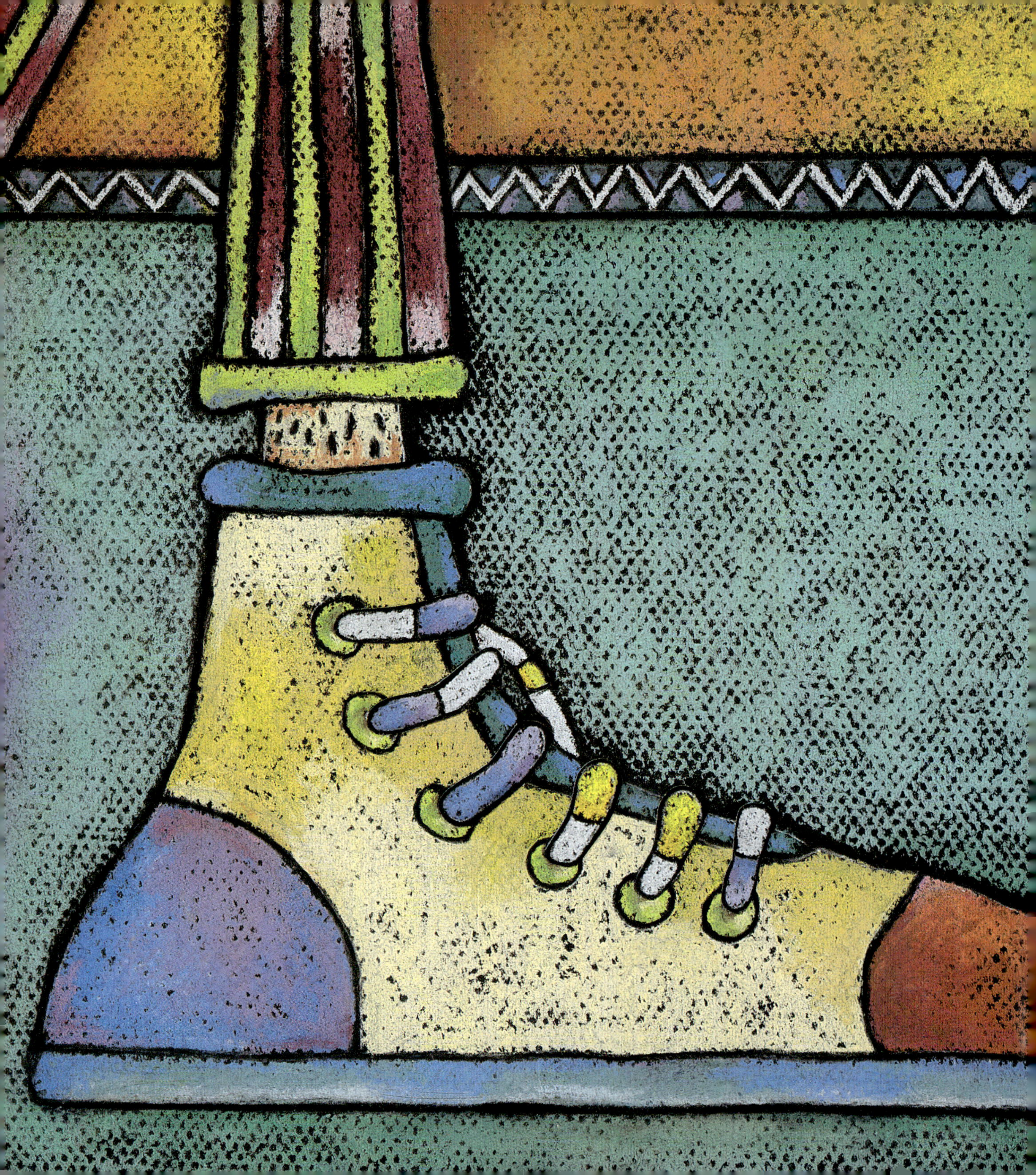

La media se encontró
con un zapato.
-Tú no eres mi hermana
porque mi hermana
no tiene cordón.

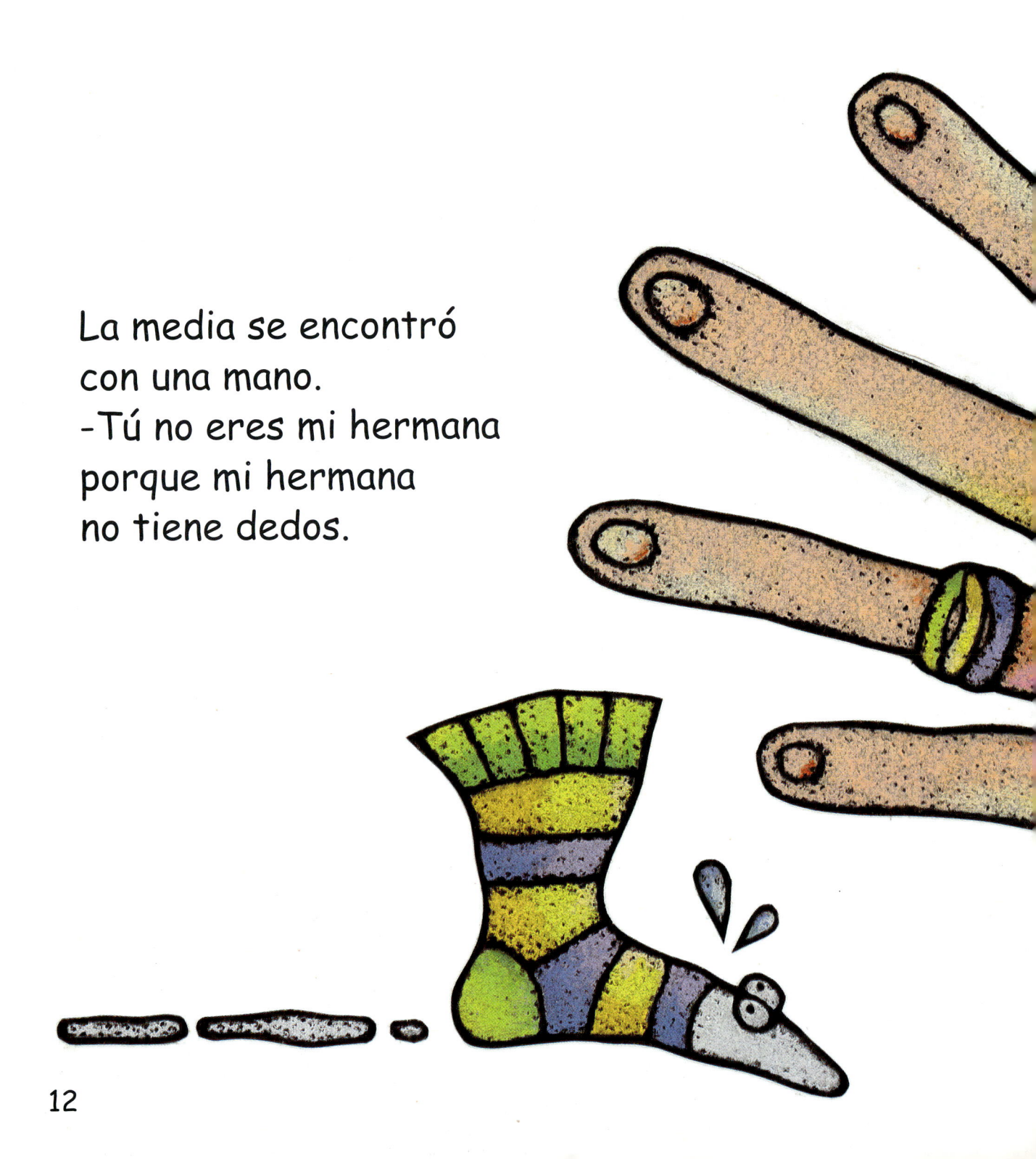

La media se encontró
con una mano.
-Tú no eres mi hermana
porque mi hermana
no tiene dedos.

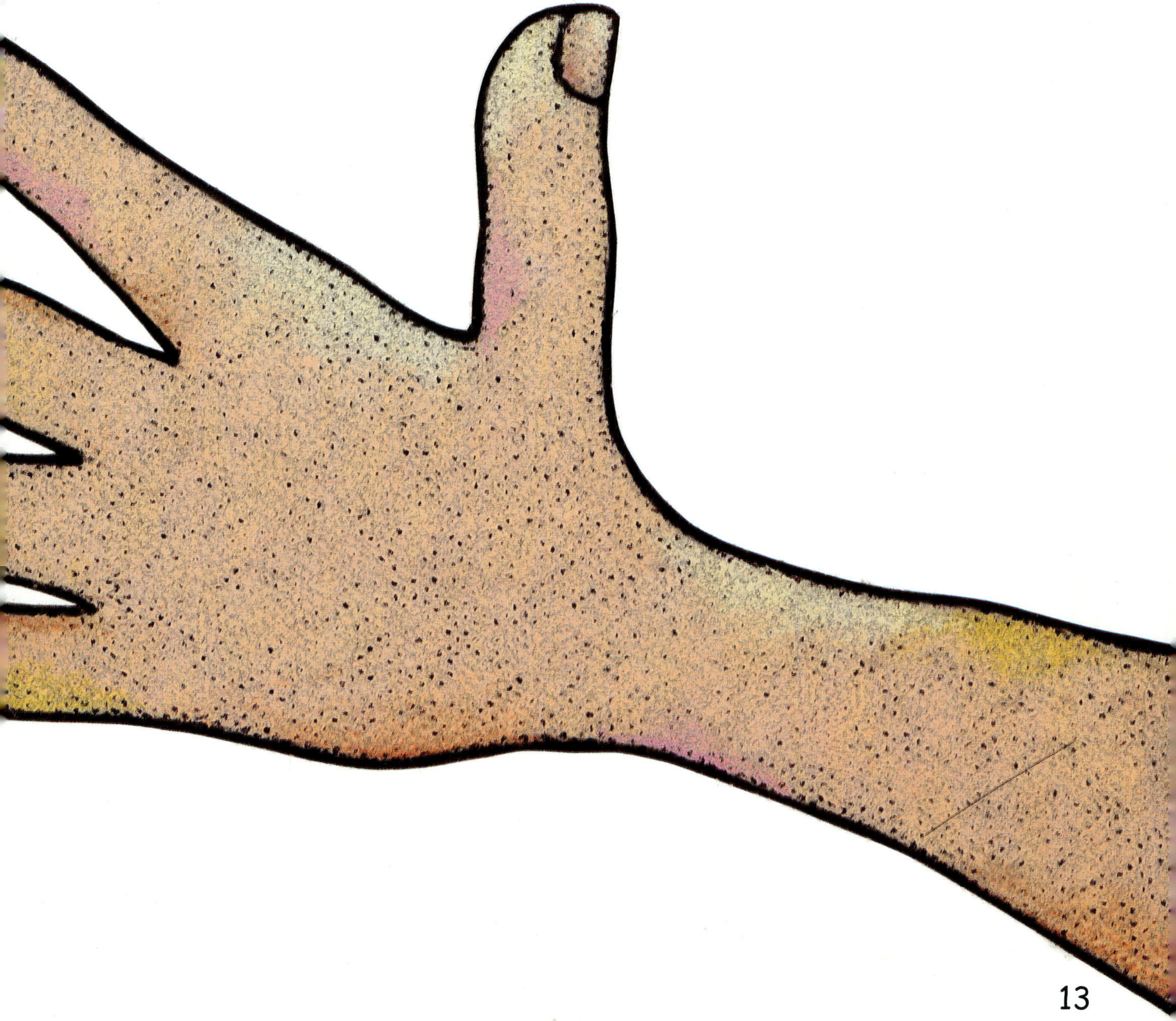

La media se encontró
con un gato.
—Tú no eres mi hermana
porque mi hermana
no tiene bigotes.

Miau. Miau. Miau. Miau.

La media se encontró
con un pocillo.
-Tú no eres mi hermana
porque mi hermana
no tiene oreja.

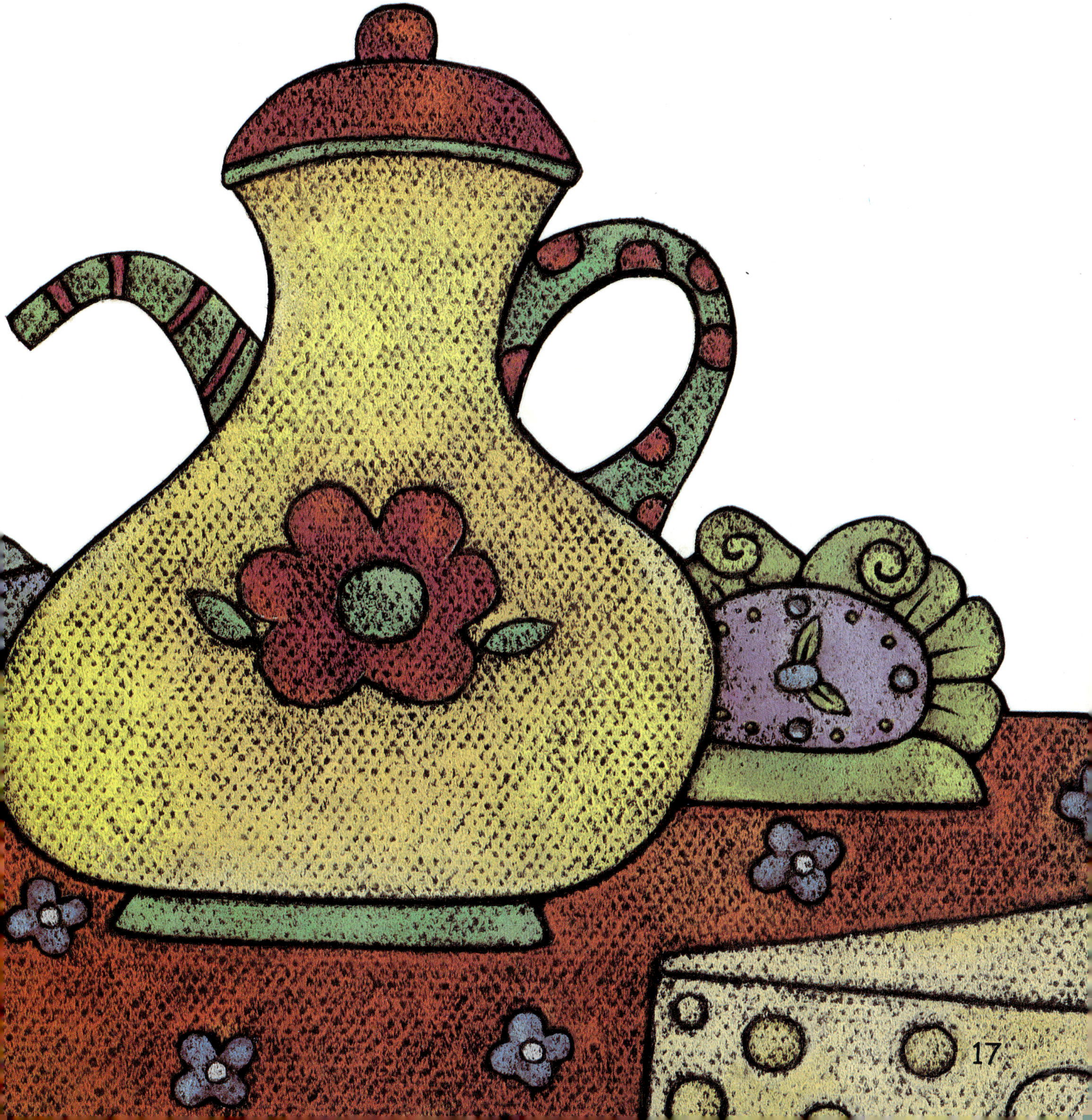

La media se encontró
con una silla.
—Tú no eres mi hermana
porque mi hermana
no tiene patas.

19

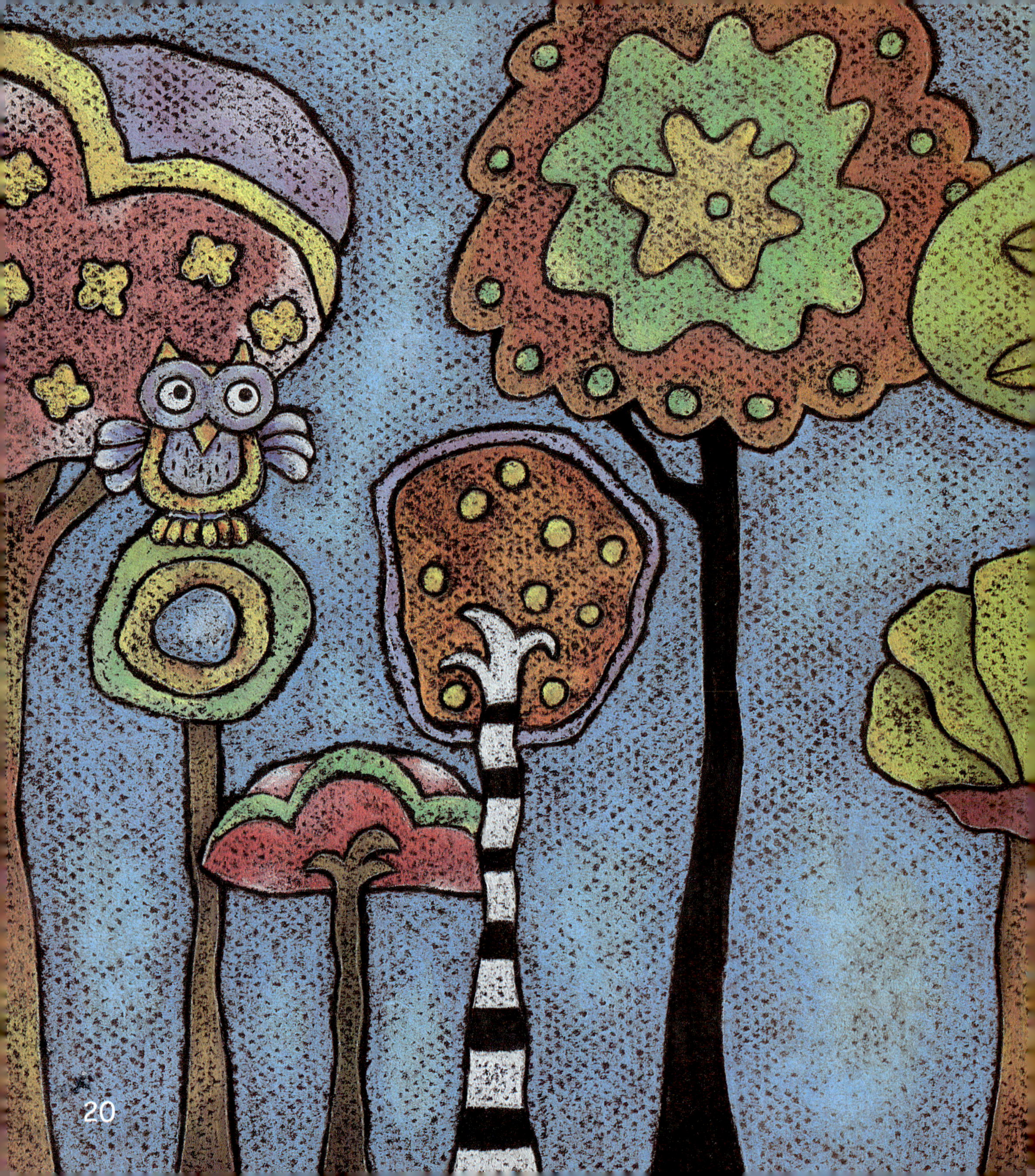

La media se encontró
con un árbol.
-Tú no eres mi hermana
porque mi hermana
no tiene hojas.

Por fin
la media se encontró
con la otra media.

—Tú sí eres mi hermana
porque tú eres igual a mí.

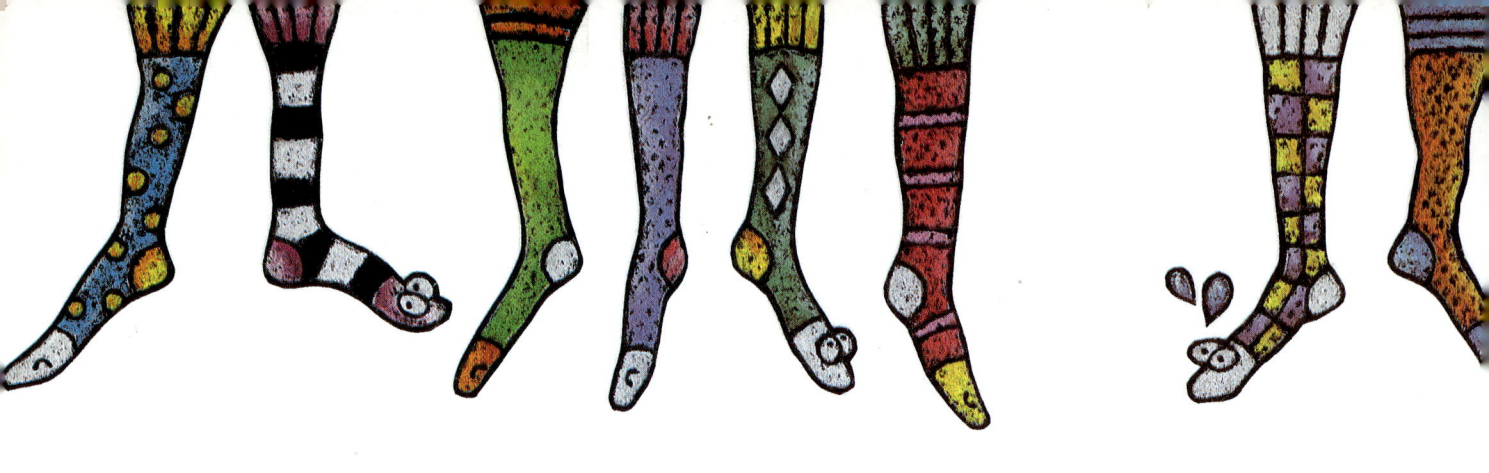

¿Quién es el autor?

Soy **Triunfo Arciniegas**, un imaginador, y me encantan los gatos y los unicornios, los libros y Pink Floyd, Marilyn Monroe, Woody Allen y Flaubert, la lluvia desde la ventana y las tardes de niebla, los barcos de papel y las cometas.

Escribo y dibujo historias para niños. Nací en Málaga en el año del gallo y vivo en una casita de dos pisos en las afueras de Pamplona. La encontrarán porque es amarilla, con dos ventanas sin barrotes arriba y una de hierro abajo, la más bonita de por ahí. La puerta es de madera pintada de marrón, para más señas. No lo olviden. Si escuchan el rumor de la máquina de escribir, que no debe confundirse con el vuelo de los colibríes que bajan a almorzar, aléjense en silencio porque paso a limpio mi próxima historia y, por favor, vuelvan otro día.

Correo electrónico: triunfoarciniegas@latinmail.com

¿Quién es la ilustradora?

María Fernanda Mantilla

De chiquita el papel nunca me alcanzó para pintar todas mis imaginerías, así que continuaba mis dibujos en paredes y pisos a mi alrededor, completamente absorta en los mundos que salían de los lápices de colores. Creo que sigo igual de distraída, tanto que incluso los relojes que tengo (varias familias) se niegan a darme la hora, o quizá se burlan de mí señalando una hora distinta cada uno. (A veces también me despierto a medias y sólo al rato descubro que algunas pestañas despistadas siguen roncando a pierna suelta sobre la almohada.)

Me encanta hacer mi propio museo de los más disímiles objetos, me gusta llevar el cabello cortitico y a veces de colores, brinco con desafuero en los conciertos de rock, por nada del mundo me pierdo los dibujos animados en la tele, y sigo deslumbrada con las obras de Miró y Klee.

Dicen mis amigos que me reconocen a lo lejos porque me tropiezo con todo y luego suelto una carcajada.

Correo electrónico: mafemantilla9@hotmail.com